LORETTA SEBASTIANELLI

SCRITTURA INTROSPETTIVA

Percorso Di Scrittura Introspettiva Per La Tua Crescita Personale, Professionale e Artistica

Titolo

"SCRITTURA INTROSPETTIVA"

Autore

Loretta Sebastianelli

Editore

Bruno Editore

Sito internet

http://www.brunoeditore.it

Sommario

Introduzione

Perché questo libro? *La vita o si vive o si scrive.* Scelgo questa citazione – come apertura e come assunto di questo libro – per rivoluzionarla, sperando che Pirandello non me ne voglia.

Nel presentarti la scrittura introspettiva, che da dieci anni accompagna la mia vita e quella delle persone che si rivolgono a me, ti propongo un diverso assunto di partenza che suona così: quando la vita si scrive, poi si vive. Ma che cosa significa esattamente "scrivere la vita"?

Il mio primo saggio sulla scrittura, *Lo scrittore mago*, pubblicato nel 2018 dal Gruppo Editoriale Uno, parte da un incantesimo ovvero recita un "Abraq Ad Habra" che in aramaico significa "creo quello che dico" e sostiene che lo scrittore in questo e più di tutti è un mago, un mago capace di creare esattamente ciò che dice, pensa e immagina.

Molti famosi motivatori, oggi, nonché uno dei principi base della legge d'attrazione o del pensiero quantico, sostengono che la visione e l'osservazione sono parti integranti del nostro essere attivi rispetto al disegno della vita.

Walt Disney ha fondato il proprio impero utilizzando una frase guida che ancora oggi evoca le sue gesta: «Se puoi immaginarlo, puoi farlo!» Ecco, quello che intendo con "scrivere la vita" è proprio questo. A volte fare un viaggio dentro noi stessi è il primo vero passo per fare un viaggio là fuori, nella vita vera, nella vita che vogliamo o che vorremmo avere (spesso facendo finta di non saperlo o evitando di saperlo perché, troppo spesso, le persone fanno ciò che devono, molto meno di ciò che vogliono).

Quindi questo è l'ennesimo libro che parla di come trovare il proprio posto nel mondo? No, non esattamente. Allora è l'ennesimo libro sulla motivazione personale? Non proprio. Diciamo che, *in primis*, questo libro rafforza e sottolinea l'ossessione dell'essere umano di lasciare la propria impronta nel mondo; un desiderio che ramifica nel bisogno primario di sopravvivenza avvicinandosi, in qualche modo, all'alchemico sogno dell'immortalità. Inoltre, questo testo, ha la presunzione di mostrare come poterlo fare: come lasciare un segno del proprio passaggio.

Ecco, a proposito di lasciare un segno posso dire che "Lascia il segno" è il mio seminario più gettonato. Perché, secondo te? Il motivo è semplice. La promessa del seminario è far superare a chiunque il blocco dello scrittore e lasciare un segno scrivendo il proprio libro. L'argomento di cui mi trovo a scrivere oggi riguarda certamente questo, ma anche un'altra fetta di popolazione che potremmo definire "non scrittori". Intendo dire che quanto sto per scrivere riguarda anche chi non vuole scrivere una storia inventata, un romanzo o un racconto, ma vuole scrivere la *propria* storia. Scrivere la propria storia non significa soltanto scrivere un'autobiografia, significa scrivere il proprio percorso di vita, quello desiderato o quello che ci riporta sulla via di casa: cioè più vicini ai nostri sogni.

La chiave di tutto è la seguente: nel momento in cui scrivi qualcosa su un foglio – una storia, una poesia, un pensiero, una canzone, una promessa, un obiettivo – lo incarni conferendo materia a quelle parole. Significa che lo fai nascere, fai nascere quel qualcosa. Se lo incarni è un po' come se lo partorissi e poi lo battezzassi. Quando questo avviene, non puoi più tornare indietro.

Per chiarire meglio questo concetto, prendo in prestito un assunto importante dal paradosso del cambiamento di Arnold R. Beisser: «Il cambiamento avviene quando una persona diventa ciò che è, non quando cerca di diventare ciò che non è». Possiamo dire che per diventare ciò che sei occorre che tu nasca una seconda volta tracciando le tue verità su un foglio di carta e questo è quello che faremo insieme. Oppure potrebbe essere che questo processo non porti alla nascita o alla rinascita del tuo percorso di vita, ma porti alla luce un personaggio o una storia che tu e solo tu puoi raccontare, ed anche questo è quello che faremo insieme.

Se continuerai a leggere questo libro, sappi che ti si presenterà come un viaggio, come una chiamata. La prima cosa che dovrai scegliere, o che sentirai, non riguarda tanto l'avventura che sarai chiamato o chiamata a vivere, quanto i panni che sarai chiamato o chiamata a vestire. Per meglio dire ti accorgerai, a un certo punto, se c'è un personaggio dentro di te o una storia che desidera uscire allo scoperto, oppure se il percorso che stai per intraprendere riguarda te e soltanto te.

Struttura del testo

Come prima cosa nel libro ho messo tre importanti strumenti capaci di mantenere le promesse fatte nell'introduzione:

- L'**intro**-scrittura, ovvero la scrittura di tipo introspettivo, uno strumento potente capace di fare l'esatta fotografia di tutto quello che ti abita, di chi sei, dove sei e dove vuoi andare. L'intento è quindi quello di rispondere alla domanda «Chi sei davvero?» Questo strumento lo troverai nel capitolo 1.

- L'**estro**-scrittura, ovvero la scrittura di tipo creativo, lo strumento artistico per eccellenza. È capace di superare la fissazione funzionale della realtà permettendoti di scorgere cosa c'è al di là della siepe. La conoscenza di questo strumento artistico ti permetterà di toccare con mano quelle abilità necessarie a scrivere il tuo libro o la tua vita. Questo strumento lo troverai nel capitolo 2.

- L'**evo**-scrittura, ovvero la scrittura di tipo evolutivo, finalizzata allo sviluppo del potenziale umano insito in ognuno di noi. Questa parte si fonda sul presupposto che ogni giorno è il primo giorno del resto della propria vita. Comprendere cosa fare di quel primo giorno equivale ad avere dentro di sé quella forza motrice che spinge all'evoluzione. Questo strumento lo troverai nel capitolo 3.

Ciò significa che il libro è rivolto solo a chi vuole conoscere sé stesso o magari il proprio posto nel mondo, la propria strada? No, come accennavo sopra, in verità questi strumenti – e lo vedremo – si dimostreranno potenti anche per chi vuole scrivere una storia intesa proprio come un romanzo e quindi come un testo di narrativa.

Chi sono io per parlarti di questo?
Sono una di voi, con delle possibilità, dei limiti, dei talenti, dei dubbi e delle preoccupazioni. Più di vent'anni fa ho iniziato a essere ossessionata dalle domande esistenziali che a volte rapiscono qualcuno e altre invece arrivano a rapire la maggior parte della popolazione. Mi riferisco a domande tipo: «Perché sono qui?» «Qual è il mio posto nel mondo?» «Chi sono e chi voglio diventare?»

Questo è stato il mio primo passo, la chiave di volta. Come vedremo, infatti, le domande sono importantissime e sono capaci di farci fare un salto, sia nella vita sia nell'arte. Sono state proprio le domande e la sete di conoscenza a permettermi di intraprendere un percorso con un'unica direzione: "avanti". Così, poco dopo, ho incontrato la crescita personale, poi il counseling e infine il coaching.

Da sempre, però, la scrittura mi accompagna personalmente, artisticamente e professionalmente e questo fa di me *in primis* una scrittrice, ho scritto e pubblicato 15 libri. Poi sono anche una formatrice, un'art-counselor e una coach. Voglio dire che sono stata, sono e incarno (nella vita e nell'arte) le tre figure di riferimento che, in questo libro, ti faranno viaggiare e ti accompagneranno per tutte le pagine: il *cercatore*, l'*architetto* e l'*eroe*. Se è vero che ognuno ha la propria storia, in questo libro ti muoverai per approdare alla tua e, una volta imboccata la strada, non vorrai più tornare indietro.

La scrittura introspettiva e il suo viaggio

La scrittura di tipo introspettivo ti aiuterà a fare un indimenticabile viaggio dentro di te, attraverso un percorso fatto delle tre importanti tappe a cui ho appena accennato:

1) il **cercatore** – *il maestro* – *lo scopo* (capitolo 1);

2) *l'***architetto** – *il creativo* – *il pensiero laterale* (capitolo 2);

3) *l'***eroe** – *il leader* – *il piano* (capitolo 3).

Vuoi sapere come farà la scrittura ad aiutarti in questo viaggio? Semplice: con le domande "giuste", gli stimoli interni o esterni, la pianificazione, la conoscenza, l'immaginazione, l'azione, gli esercizi di scrittura e anche con molto altro ancora.

Sei pronto o pronta, a partire per questo viaggio alla scoperta di te? Ti aspetto dentro al libro.

Capitolo 1:
Come trovare la propria verità

Vorrei esordire ancora una volta con una citazione: «Scrivere è prendere l'impronta dell'anima» (Multatuli).

In questo primo capitolo parleremo del "cercatore", del "maestro" e dello scopo della vita: il tuo. Lo strumento che utilizzeremo per questa prima tappa è l'*intro-scrittura*, cioè la *scrittura di tipo introspettivo* e parleremo appunto di come scoprire la propria verità. Vuol dire che alla fine di questo capitolo, con buone probabilità, avrai dato qualche risposta o avrai messo qualche punto fermo rispetto alla domanda: «Chi sono davvero?»

Vorrei riprendere il discorso ripartendo da un concetto base relativo allo "scrivere la propria vita". Con questa espressione intendo dire che occorre vederla (la propria vita) prima di esserne davvero i protagonisti. Occorre sognarla, pianificarla e poi impegnarsi a essere la migliore versione di se stessi per vivere proprio quella storia, precedentemente immaginata, trasportandola sul piano reale.

Essere la migliore versione di se stessi è l'unica cosa capace di fare la differenza. Per come lo intendo io non significa solo lavorare sull'autostima, ma anche partire da un concetto basilare che riguarda l'unicità. Prendere coscienza dell'essere irripetibile non è una questione di ego. Prendere coscienza di questo significa soltanto comprendere che qualunque cosa ti impegnerai a possedere è tendenzialmente alla portata di tutti.

Quello che sei, invece, è solo alla tua portata. Ti possono ricalcare, copiare, emulare, ascoltare, boicottare ma tu sarai sempre tu: originale e irripetibile. Questo è un punto di forza spesso sottovalutato e, a mio parere, l'unico punto di partenza.

So che questa apertura appare forte. Potresti dire: come faccio a essere la migliore versione di me se non sapevo nemmeno di essere la "versione" di qualcosa? Allora, tanto per iniziare, in questo testo entrerai molto dentro di te e quindi comprenderai meglio cosa intendo e "quale versione sei". Da qui in poi la cosa importante sarà capire "quale versione vuoi essere" che, per meglio dire, potrebbe suonare come "qual è il meglio per te" o per dirla con parole ancora più forti: «Sii il meglio di qualunque cosa tu possa essere» (Douglas Malloch).

Quando in questo capitolo sarai guidato a scrivere la tua vita, il protagonista di ciò che scriverai non sarà un *avatar* ma sarai proprio tu e questo vuole spingerti a un processo di identificazione, ma anche di responsabilità. Se poi, come vedremo, ti sarà più facile e funzionale partire dall'*avatar*, andrà bene comunque, ma quell'eroe sarai sempre e comunque tu.

Allora, sei pronto, sei pronta, ad approdare nella prima tappa del viaggio? Direi che se sei arrivato o arrivata fin qui, lo sei: sei già un cercatore.

La tappa del cercatore
Il cercatore dal punto di vista archetipico è un po' un viaggiatore, un esploratore, sempre alla ricerca di se stesso e della verità, quale che sia per lui la verità. Egli sa, a volte crede di sapere, altre ancora riesce a dimenticare ciò che sa. Si tratta di istanti, di barlumi di

consapevolezza... in realtà è molto più facile che senta una sete, aneli a qualcosa di misterioso eppure non sia capace di definire cosa manca – cosa gli manca – perché lui stesso non riesce a comprenderlo. Probabilmente il problema principale è che essendo questa ricerca sempre orientata "fuori", fuori di sé, diventa infinita.

Quindi troveremo il cercatore sempre in movimento, sempre alla ricerca di qualcosa, qualcosa che appunto manca e che lui stesso non sa cosa sia. Comincerà infatti a trovare ciò che cerca, non dopo aver visitato l'intero perimetro calpestabile della conoscenza ma quando avrà compreso che tutto ciò che cerca è dentro di sé e non fuori. Per questo motivo, in questa tappa del viaggio, la scrittura introspettiva permetterà a ogni coraggioso cercatore di vedere davvero di quali verità sia portatore. Scoperte tali verità, sarà in grado di condividere con il mondo la prima importante tappa del suo viaggio.

Come puoi immaginare, questo è il motivo principale per cui la parola "cercatore" e la parola "maestro" in questo libro vengono presentate una di fianco all'altra. Il senso è che quando si comprende che la verità è dentro e lo si comprende dopo aver a lungo cercato fuori, si diviene, in un certo senso, un maestro. Su questo concetto moltissimi scrittori, filosofi e maestri hanno espresso il loro pensiero. Ne cito alcuni per darne misura:

- «Avendo domato se stessi si acquista un padrone difficile da conquistare» (Gautama Buddha).

- «Nessuno è libero se non è padrone di se stesso» (Epitteto).

- «Esiste una scala delle virtù e bisogna cominciare dal primo gradino per salire poi i successivi; la prima virtù che dovrà acquisire un uomo, se vuol acquisire le successive, è appunto ciò che gli antichi definivano ἐγκράτεια o σωφροσύνη, ovverosia il dominio di sé» (Lev Tolstoj).

- «Chi non è padrone di sé finisce servo degli altri» (Roberto Gervaso).

- «Nel mondo attuale per libertà s'intende la licenza, mentre la vera libertà consiste in un calmo dominio di se stessi (Fëdor Dostoevskij).

Una delle prime cose che mi ha colpito, quando ho iniziato a studiare, leggere, curiosare sull'evoluzione, è che nella struttura della psiche – ma anche dal punto di vista archetipico – i maestri, i mentori, i saggi, altro non sono che parti di noi o, per meglio dire, non rappresentano altro che "il Dio dentro di noi", cioè la nostra parte più alta che riconosciamo e scegliamo di seguire. Li seguiamo prima, li emuliamo dopo, fino a che possiamo riconoscere dentro di noi quella stessa scintilla divina.

In un certo senso, i maestri rappresentano e raffigurano le nostre massime aspirazioni. Quando però comprendiamo che quel maestro non è davvero così tanto fuori di noi come credevamo, allora qualcosa cambia ed ecco che, come si usa dire, *l'allievo supera il maestro*, ovvero diventa il maestro di se stesso e di chi lo seguirà per fare lo stesso percorso.

C'è un'ultima cosa che vorrei dire a proposito dell'archetipo del maestro, del mentore. Di solito, oltre a illuminare la nostra strada, a portare luce e quindi a farci da guida finché non sapremo camminare da soli, il maestro ci fa dono di qualcosa: spesso della conoscenza. In tutti questi casi funge da motivatore, cioè ci aiuta a superare le nostre paure e ad andare avanti, finché non capiremo come accedere alle risorse necessarie per farlo da soli.

Concluderei dicendo che la tappa del cercatore non finisce mai. Mi viene in mente, a questo proposito, una frase di Og Mandino: «Non diventare mai troppo sapiente per non conoscere qualcosa di nuovo». E, a onor del vero, nemmeno il ruolo di allievo finisce mai realmente, perché c'è sempre da imparare nella vita. Però sicuramente c'è qualcosa che cambia quando comprendi che la prima vera ricerca è da percorrere verso l'interno. Lavorare su di sé è il primo importantissimo passo perché le cose cambino davvero e la scrittura, così come io la intendo e la uso, aiuta moltissimo in questo senso. Lo vedremo insieme.

Per finire questa panoramica del primo capitolo, prima di passare agli esercizi, metto un *focus*: questo lavoro, come abbiamo detto, è un faro capace di illuminare lo scopo della vita, il tuo. Mi viene in mente un'altra citazione presa direttamente dalla serie televisiva *Heroes*: «Ci tormentiamo l'anima per dare un senso alla vita, per individuare un traguardo. E alla fine lo troviamo nascosto dentro di noi, nella nostra comune esperienza dell'immaginario e della realtà. Un semplice, umano desiderio di trovare chi ci assomiglia per stabilire un legame e per sentire nel profondo del cuore, che non siamo soli».

Non mi resta che augurarti buon lavoro.

Gli esercizi di scrittura

«Dare un significato alla vita può sortire follia / ma la vita senza significato è la tortura / dell'irrequietezza e del desiderio vago / è una nave che anela il mare eppure lo teme» (Edgar Lee Masters)

Gli esercizi che sto per proporti hanno la modesta presunzione di farti conoscere quella nave e quel mare. Di seguito, quindi, ne troverai cinque che sono esattamente quelli che propongo ai miei corsisti in aula. Saranno capaci – questa è una promessa – di portarti un po' più in là, più in avanti rispetto a dove sei adesso. Questo accadrà sia per quanto riguarda te e la vita che vuoi scrivere/vivere, sia per quanto riguarda la storia che ti gira in testa e il personaggio che la vivrà insieme a te e per mano tua.

Quello che devi fare è procurarti semplicemente un foglio e una penna. Forse ti starai chiedendo: il PC non va bene? Certamente sì, ma ti suggerisco di svolgere questi esercizi sulla carta, in modo da avere davanti agli occhi uno schema, un progetto, un canovaccio tangibile da toccare con mano e capace di concretizzare ciò a cui stai dando vita. E poi, non so se lo hai sentito dire, scrivere a mano stimola la creatività, fa bene alla mente e al corpo. Addirittura aiuta il sistema neurologico a funzionare meglio.

Inoltre, scrivere a mano sembrerebbe permettere l'auto-osservazione in modo più efficace. Un po' come se ci avvicinasse maggiormente al concetto di incarnare, ovvero permettere alle parole di dar vita alle cose. Prenditi quindi il tuo spazio e i tuoi tempi e, per favore, rispondi alle domande seguendo questa importante raccomandazione: termina gli esercizi prima di continuare a leggere oltre. Puoi farli su un foglio di carta o su un quaderno dedicato. Iniziamo.

Esercizio n. 1
Come prima cosa ti chiedo di prendere il tuo foglio e scriverci sopra (o anche disegnarci sopra) "chi sei" (ah, per "chi sei" intendo *chi sei davvero*).

→ Fai adesso l'esercizio prima di proseguire nella lettura.

Può sembrare una domanda banale ma, per quella che è la mia esperienza, spesso le persone rispondono scomodando un "chi devono essere" che di solito, e per inciso, non coincide con "chi vogliono essere" o con "chi sono davvero". Il "chi devo essere" porta sempre con sé una fatica che impedisce all'essere umano di inseguire i propri sogni, di percorrere la propria strada, quella che sentiamo essere più giusta per noi. Il "chi voglio essere", invece, la maggior parte delle volte porta la frustrazione e lo scontro con i doveri di cui abbiamo appena parlato, soprattutto nel caso in cui non stiamo facendo nulla per essere chi vogliamo essere. Scriverlo, più di ogni altra cosa, ce ne dà evidenza.

Ora tu, leggendo e rispondendo alle domande, ti sei già identificato o identificata in una delle due posizioni enunciate? Cioè, la risposta che hai dato e che ti è venuta fuori, ti ha mostrato che sei chi vuoi essere o chi devi essere? Prova a scrivere anche questo.

Prendendo lo stesso argomento da un altro punto di vista, mi piace tirare dentro una frase celebre che arriva direttamente dal set del film *Batman Begins*. Sto parlando della scena in cui Rachel dice a

Bruce: «Non è tanto quello che sei, quanto quello che fai, che ti qualifica». Hai presente questo momento del film?

Lo cito perché è un elemento fondamentale da considerare a questo punto. Un elemento che ci porta direttamente al secondo esercizio.

Esercizio n. 2

Ti sei mai chiesto o chiesta, che cosa fai? Quali sono le azioni che ti qualificano? Prova a scrivere anche questo su un foglio.

→ Fai adesso l'esercizio prima di proseguire con la lettura.

Spesso raccontiamo o abbiamo un'idea di noi stessi che condividiamo con gli altri come se fosse la nostra "facciata" ufficiale, quella da mostrare alle persone. Questa versione di noi, diciamo pubblica, cioè quella che presentiamo quando diciamo agli altri «piacere di conoscerti», non è sempre coerente con le azioni che facciamo e con chi siamo davvero, intendo nel profondo. È vero?

Negli anni, confrontandomi con le persone dal punto di vista sia personale sia professionale, mi sono fatta l'idea che in pochi sappiano fino in fondo chi siano davvero. Alla lunga, questo vestire i panni di altri, o vestire certi panni per far piacere ad altri, ovviamente rende scontenti, frustrati e infelici.

Se dovessi definire la tua condizione emozionale, se ti chiedessi come ti senti in questo momento, cosa mi risponderesti? Quale dei tre aggettivi sopraccitati ritieni che sia più consono per descriverti? Scontento? Frustrato? Infelice? Magari nessuno dei tre?

Se invece la risposta a questa domanda dovesse risultare troppo articolata o complessa, ce n'è una, di domanda, che va dritta al punto e che, stranamente, sono in pochi a fare: ma tu, sei felice? O almeno, sei soddisfatto, sei soddisfatta, della tua vita?

Se la risposta è sì, forse non hai grandi scoperte da fare in questo libro. Magari puoi trovarci un confronto alla pari, che è sempre molto stimolante, ma null'altro o poco di più. Se invece la risposta è no, non puoi non leggerlo: non puoi non andare avanti con la lettura. Se la risposta è ni (ché le cose non sempre sono o nere o bianche), forse vale la pena di andare avanti ancora un altro po' con la lettura.

Sapere chi siamo, dove siamo e qual è il nostro stato attuale è come entrare in un centro commerciale e andare a guardare il puntino rosso sulla mappa. Senza quel puntino rosso, infatti, cioè senza sapere dove siamo (che in questo specifico esempio diventa metafora del "chi siamo") sarà anche difficile muoversi, a meno che lo scopo non sia andare a zonzo, come si dice in gergo. Ci avevi mai pensato? Avevi mai preso in considerazione questo punto di vista? E soprattutto, sei una persona che ama "andare a zonzo"?

Tornando al centro commerciale, di solito, subito dopo aver capito "dove siamo", quello che cerchiamo sulla mappa equivale a "dove vogliamo andare" ma, lo rimarco ancora una volta, se non sappiamo da dove partiamo sarà difficile raggiungere il punto desiderato.

Come dicevo è una metafora, ma credo che renda davvero bene l'idea e che sia capace di farti comprendere quanto importante sia sapere chi sei/dove sei. Quindi ti invito a rivedere un attimo il primo esercizio, completandolo, modificandolo o magari integrandolo in base a quanto emerso da questa ulteriore lettura.

Per questo motivo ti chiedo di rispondere nuovamente a queste domande pensando anche a dove sei e, infine, a quali azioni ti qualificano:

- Chi sei davvero?
- Sei chi vuoi essere o chi devi essere?
- Dove sei oggi, adesso?

→ Fai questo l'esercizio prima di proseguire con la lettura.

Questo ci porta direttamente alle ulteriori domande e all'esercizio successivo.

Esercizio n. 3

Una volta scoperto il puntino rosso sulla mappa, cioè chi sei e dove sei (inteso anche come un "da dove parti") di solito si va a cercare una seconda coordinata che equivale a "dove vuoi andare". Ecco, dove vuoi andare è fondamentale. Seneca diceva che non c'è vento favorevole per il marinaio che non sappia dove andare.

Infatti, non so se lo hai notato, se non si stabilisce una direzione, si va dove capita. Certo, può essere un viaggio comunque interessante, spesso le persone vagano e poi trovano, proprio vagando, quello che cercano. O almeno questo è quello che dicono.

Io credo che trovare qualcosa vagando significhi semplicemente che il movimento è capace di metterci in contatto con diversi stimoli, diverse realtà. È capace, cioè, di liberarci dal "già noto", che poi risulta essere il posto che abbiamo lasciato indietro.

Questo permette semplicemente e un po' magicamente, di assumere una predisposizione mentale al nuovo, al vedere il nuovo. E proprio quando vediamo, quando abbiamo occhi di falco – cioè l'esatto opposto dell'occhio di talpa, che equivale a guardare la vita dal buco della serratura – accade che il nostro sguardo aperto, dall'alto, ci permette di vedere ciò che prima non potevamo nemmeno immaginare.

A questo punto, da quel "chi siamo/dove siamo", ci accorgiamo che, non appena alziamo il tiro al "dove vogliamo andare/chi vogliamo essere", ecco che all'improvviso si apre la possibilità di scegliere. Succede che finiamo con il fare questo pensiero: se proprio posso scegliere dove andare, allora lo scelgo davvero, scavando dentro di me e andando a comprendere qual è il posto che, una volta raggiunto, mi farebbe felice.

Ecco, adesso chiediti: qual è quel posto, quello che ti farebbe felice? Lo sai già? Se non lo sai ancora, posso proporti qualche ulteriore domanda esplorativa. Qualcosa tipo:

- Potrebbe essere un posto materiale, fisico, una casa nuova? Un paese nuovo?
- Potrebbe essere un impiego professionale? Un lavoro diverso?
- Potrebbe essere un luogo in cui abita un'altra persona, una che magari ti sta a cuore?
- Potrebbe essere una nuova condizione, magari economica?
- Potrebbe essere una diversa versione di te stesso o di te stessa?

→ Prova a rispondere a queste domande

Dopo questa carrellata di ulteriori stimoli, non possiamo che passare all'esercizio successivo.

Esercizio n. 4

Immagino che queste ulteriori domande abbiano sollevato diverse questioni e magari tirato fuori stimoli aggiuntivi. A voler approfondire ancora di più, potrei dirti che "il dove vuoi andare" si può tradurre più facilmente e più direttamente con una domanda che tira in ballo il tuo cuore e che suona più o meno così: qual è il tuo sogno più grande?

Rispondi a questa domanda di getto. Fallo ora! Non preoccuparti del fatto che sia possibile o meno realizzare quel sogno e di cosa dovrai fare perché si avveri.

→ Per ora scrivilo e basta!

Fatto? Bene. A questo punto, se hai risposto a tutte le domande dovresti avere in mano, e a disposizione, quanto necessario per riprodurre la famosa mappa del centro commerciale che abbiamo citato nell'esercizio n. 2. Ti ricordi? Spero di sì, perché quello che faremo nell'ultimo esercizio sarà proprio riprodurre questa importate mappa visiva. Vediamo insieme come.

Esercizio n. 5

Disegna la tua mappa seguendo questi semplici passi:

- prendi un foglio bianco e dei colori, o una penna, o una matita;

- disegna dove vuoi un puntino rosso o un'immagine che ti rappresenti in questo momento – anche un simbolo va bene;

- scrivi accanto a quell'immagine/simbolo, a quel puntino rosso, "io sono qui";

- arricchisci il puntino rosso con tutto ciò che è emerso dal "chi sei" e cioè: chi sei davvero, chi vuoi essere, chi devi essere ecc.;

- sistema queste risposte tutte intorno al tuo "io sono qui" oppure fai un elenco vicino al puntino rosso, come se fosse una lista di caratteristiche di quel posto, di quel "io sono qui";

- scrivi, in un altro punto della tua mappa, dove vuoi andare e cioè qual è il tuo sogno più grande;

- racchiudi la frase (il sogno) in un cerchio, un quadrato o un triangolo e chiama questo posto "destinazione".

Se hai seguito tutte le indicazioni, dovresti avere su un foglio le due coordinate che equivalgono a "dove sei" e a "dove vuoi andare". Se pensiamo alla metafora che ha portato avanti molto del nostro lavoro, possiamo dire e ripetere che quel "dove sei" equivale al "chi sei", mentre il "dove vuoi andare", equivale al "chi vuoi essere". Ti ci ritrovi?

Ora manca soltanto il "come andarci" ma, per definire questo punto tiriamo in ballo lo step successivo e cioè chiediamo supporto a un altro strumento, a un altro tipo di scrittura, quella creativa. Perciò ti chiedo: sei pronto, sei pronta, a intraprendere questo splendido viaggio costruendo passo dopo passo il tuo personalissimo itinerario?

Prima di proseguire, apro una piccola parentesi per quegli scrittori che invece volevano qualche indicazione in più su un *incipit*, un'idea o la creazione di un personaggio capace di dar vita a una nuova storia da raccontare. Ecco, a proposito di questo, mi viene da dirti che puoi ripercorrere l'intero capitolo facendo esattamente la stessa cosa che hai fatto per te, tenendo a mente che il soggetto di quelle domande/risposte è il tuo personaggio, il tuo *avatar*, il tuo *alter ego*.

Se per caso stai pensando "non potevi scriverlo prima così lo facevo per due?" ti rispondo subito che è molto più produttivo fare questo esercizio adesso e lo è nel caso tu decida di scrivere un libro e rivolgere questo lavoro al tuo personaggio piuttosto che a te. Spesso, infatti, per quella che è la mia esperienza, lo scrittore alle prese con i primi personaggi va a cercare dentro di sé chi vorrebbe essere o chi non vorrebbe essere.

Se fossi in aula con me o se stessimo lavorando insieme, ti spiegherei meglio il motivo principale per cui ti ho chiesto di portare *in primis* l'attenzione su di te. È fondamentale tenere ben divisi i due ruoli: un conto sei tu e un conto è il tuo *avatar*/personaggio. Questo significa che le gesta che deve compiere il tuo eroe non sono necessariamente quelle che faresti o che devi fare tu per scrivere la tua vita.

Facciamo un altro esempio. Magari tu e il tuo personaggio potreste avere una caratteristica in comune. Ai fini della storia, però, è più funzionale che il tuo personaggio compia azioni "giuste" per quella stessa storia, anche se tu non le faresti mai. Potrebbe succedere che quella caratteristica che avete in comune ti impedisca di scindere "la tua azione" dalla sua. Ti è più chiaro adesso?

Ricapitolando il da farsi da un punto di vista artistico/creativo, ti chiedo di ripercorrere questo primo capitolo rispondendo alle domande mentre pensi a un ipotetico personaggio.

Vediamo nel dettaglio cosa intendo e quale aiuto posso darti per dar vita alla creazione del tuo eroe/eroina e della sua storia:

"Chi sono" diventa:

- Sono un eroe o un antieroe (cioè, il tuo personaggio è un eroe o un antieroe)?
- Sono buono o cattivo?
- Sono solo?
- Ho dei nemici?
- Ho degli amici?
- Combatto per qualcosa?
- Cerco qualcosa?
- Cerco qualcuno?

"Dove sono" e "dove voglio andare", rivolti al personaggio, diventano:

- Qual è il mio mondo ordinario?

- Dove sto andando?
- Qual è il mio mondo straordinario?
- Perché sto partendo?
- Qual è la mia missione, quale l'impresa da compiere?
- Quale motivo mi spinge a partire?
- Chi sto per lasciare a casa?

→ Prenditi un po' di tempo per rispondere a queste domande e, anzi, per meglio dire, rispondi come fossi proprio il tuo personaggio.

Bene. Se hai risposto a tutte le domande, hai quello che ti serve per disegnare una nuova mappa in cui il puntino rosso sarà abitato da un personaggio/*avatar*/*alter ego* che parte per un viaggio, mosso da qualcosa, da qualcuno o da un'impresa da compiere.

Il richiamo che sente è ciò che lo muove e, se ci pensi bene, è ciò che muove tutti gli esseri umani, non solo i personaggi immaginari. Sto parlando del richiamo verso la scoperta di un nuovo mondo che sappiamo esistere – al di là delle convenzioni sociali o delle illusorie apparenze – ma che spesso non abbiamo il coraggio di ascoltare. Uso il verbo ascoltare perché in entrambi i casi, che si tratti di te o che si tratti del tuo personaggio, parliamo di una "chiamata" così denominata in termini tecnici, perché ci spinge verso il mistero (il nuovo) con il fine ultimo di farci evolvere.

Molto spesso capita che questa chiamata arrivi in un momento di crisi, oppure che arrivi per curiosità o inquietudine. Se ascoltiamo il suo richiamo, proprio come dicevo, ci mettiamo in viaggio per andare verso il nuovo. Pertanto siamo spinti dalla sete di conoscenza ma anche dalla luce. Perciò, prima di scoprire come fare per andare là dove vuoi andare, prima di preparare la valigia e prima di tracciare l'itinerario, c'è un'ultima domanda che vorrei farti e che riguarda il movimento e la motivazione.

Faccio una premessa. Il termine "motivazione" deriva dal latino *movere* e indica qualcosa che muove, che spinge, che ci muove verso qualcosa, ed è intenzionale. Ma cos'è che ci muove davvero? Di solito un motivo, anzi, *il* motivo: il nostro e in questo caso è il tuo.

Spesso quel motivo tanto forte e capace di farci muovere racchiude, o potrebbe racchiudere, un'emozione. Non a caso il termine "emozione" deriva dal latino *emovere* che significa portare fuori, mettere in movimento verso l'esterno e, a differenza della motivazione, non è intenzionale. Rappresenta piuttosto il sentire, ci prepara e ci spinge all'azione ma non sempre controlliamo le emozioni. Tuttavia, avendo la stessa radice etimologica, questi due termini sono fortemente collegati.

Pertanto, trovare il tuo motivo, la tua motivazione, ma anche capire quale emozione vi muove (nel senso che vale per te ma anche per il tuo personaggio) ti permetterà di iniziare davvero questo splendido viaggio verso la tua destinazione (o quella del personaggio che hai appena creato).

A voler guardare più da vicino, potremmo dire che in questo momento si sta materializzando la tua e la sua chiamata all'avventura. Voglio dire che, sia che tu ti trovi qui per scoprire o scrivere la tua nuova vita, quella desiderata, sia che tu ti trovi qui per dare voce al tuo personaggio e spingerlo verso nuovi mondi, questa è una chiamata. Sei invitato, sei invitata, quindi, ad abbandonare per un attimo il mondo ordinario, quello che magari ti ha portato fin qua, all'acquisto di questo libro.

A questo punto, non posso non dirtelo, spesso accade che ci sia un rifiuto alla chiamata. Ci si accorge che si potrebbe partire per un motivo speciale verso un posto speciale, alla scoperta di qualcosa di speciale (come noi stessi o una meravigliosa storia) eppure si resta fermi, si sceglie il già noto e la cosiddetta "zona di comfort". In altre parole si sceglie di non andare o di non cambiare, di non partire!

Con buone probabilità a questo punto succede qualcosa o interviene un evento o qualcuno che invita a rivedere i propri passi. Quindi, se per caso stai lasciando andare questo libro, sappi che potrebbe non essere soltanto perché non ti piace. Se ti dovesse capitare di lasciarlo e di ripensarci nei prossimi giorni, allora torna qui: c'è un battello pronto a prenderti a bordo.

Nel caso in cui fossi invece già fermamente intenzionato, intenzionata, a vedere cosa c'è dall'altra parte, allora non esiterei oltre e, con un bell'inchino, ti inviterei a entrare nella seconda parte di questo libro, quella governata dall'arte e dalla fantasia. Sei pronto o pronta? Se lo sei, la domanda che ti volevo fare è questa: Perché (per quale motivo) lo vuoi? Cosa ti spinge al cambiamento? Qual è la tua motivazione più profonda? E qual è quella del tuo personaggio?

Da qui in poi il mondo della creatività, l'immaginazione e l'emisfero destro ti prenderanno per mano per mostrarti quanto profonda sia la tana del Bianconiglio (sempre per amor di citazione che, come avrai ormai compreso, adoro.) «È la tua ultima occasione, se rinunci non ne avrai altre. Pillola azzurra, fine della storia: domani ti sveglierai in camera tua e crederai a quello che vorrai. Pillola rossa, resti nel paese delle meraviglie, e vedrai quant'è profonda la tana del Bianconiglio. Ti sto offrendo solo la verità, ricordalo. Niente di più (Morpheus- Laurence Fishburne in *Matrix*).

RIEPILOGO DEL CAPITOLO 1:

- ESERCIZIO n. 1: scrivi la risposta a questa domanda: *Chi sei davvero?*

- ESERCIZIO n. 2: scrivi la risposta a queste domande: *Quali sono le azioni che ti qualificano? Sei chi vuoi essere o chi devi essere? Dove sei oggi, adesso?*

- ESERCIZIO n. 3: scrivi la risposta a questa domanda: *Dove vuoi andare?*

- ESERCIZIO n. 4: scrivi la risposta alla domanda: *Qual è il tuo sogno più grande?*

- ESERCIZIO n. 5: scrivi, disegna o rappresenta la tua **mappa**, prendendo in considerazione due punti importanti: il primo risponde al tuo "**io sono qui**" e l'altro alla tua "**destinazione**".

Ricordati che questi 5 esercizi puoi farli per te, ossia per il tuo percorso personale, o per il tuo personaggio, così come ti ho insegnato a fare nel caso tu ti stia cimentando nella scrittura di una storia o di un testo narrativo.

Capitolo 2:
Come costruire il proprio percorso

Elio Vittorini, scrittore e traduttore italiano, scriveva: «È in ogni uomo attendersi che forse la parola, una parola, possa trasformare la sostanza di una cosa ed è nello scrittore di crederlo con assiduità e fermezza. È ormai nel nostro mestiere, nel nostro compito. È fede in una magia: che un aggettivo possa giungere dove non giunse, cercando la verità, la ragione; o che un avverbio possa recuperare il segreto che si è sottratto a ogni indagine».

In questo secondo capitolo parleremo dell'"architetto", del "creativo" e del pensiero laterale. Lo strumento che utilizzeremo per questa seconda tappa è l'*estro-scrittura*, cioè la *scrittura di tipo creativo* e parleremo, appunto, di come usare la creazione artistica.

Significa che, alla fine di questo capitolo, con buone probabilità avrai dato qualche risposta o avrai messo qualche punto fermo rispetto alla domanda: *in quale sorprendente o semplice modo puoi andare dove vuoi andare?*

Inizio ripetendo che le tre tappe fondamentali proposte in questo libro le puoi fare per te, per scrivere la tua storia personale, per scoprire chi sei e cosa vuoi, dove sei e dove vuoi andare, come andarci ecc., oppure puoi utilizzarle per abbozzare molto più di un bel canovaccio che ti permetterà di trovare dentro di te la storia che vuoi raccontare al mondo intero. Quindi, in questa seconda tappa ci occuperemo fondamentalmente del "come andare dove vuoi andare" e di "come far partire il tuo personaggio".

Per fare questa esplorazione uso la creatività, perché racchiude un concetto basilare – semplice – che, quando lo si comprende, nella vita si riesce a fare tutta la differenza del mondo. Questo concetto è: se non funziona nel modo x prova nel modo y, se non funziona con y prova con z e così via.

Spesso invece facciamo come le mosche o i tori: sbattiamo contro quell'unica cosa che ci sbatte addosso e pensiamo che riuscire o meno sia proporzionale alla durezza della testa. Io direi che se davvero deve essere una questione di testa, allora facciamoci entrare l'intelligenza: quella emotiva, quella analogica, quella creativa. Insomma, pensiamo e ancora "pensiamoci"! Pensare è alla portata di tutti ed è anche gratis, diceva qualcuno.

Se ti stimola l'idea di conoscere da vicino questo potente strumento, atto a consolidare la conoscenza di sé e la conoscenza artistica di un potente mezzo espressivo, come anche a uscire fuori dagli schemi, allora... continua a leggere.

In questo capitolo tratteremo più da vicino la parte relativa alla creazione artistica, perché ho scoperto e sperimentato personalmente quanto le idee e il pensiero laterale possano aiutare a progredire nella vita, a vedere le cose con nuovi occhi e, soprattutto, ad aprire la mente.

Faccio una piccola introduzione su questo. Dal mio primo saggio sulla scrittura, *Lo scrittore mago*, prendo un altro punto fondamentale, relativo all'atto della creazione. Nel testo ho scritto che, fino a circa un secolo e mezzo fa, creare era un'attività, un verbo riferibile solo a Dio. Per questo motivo dilagava una sorta di disprezzo per tutti gli artisti che venivano definiti, nella migliore delle ipotesi, dei pazzi o dei disgraziati. Per fortuna l'epoca rinascimentale ha portato un cambiamento di pensiero rispetto all'artista e al suo fare arte. Di colpo infatti, con quel suo "creare qualcosa", l'artista è arrivato a essere considerato un semidio.

Questa piccola scintilla divina però, in verità, per gli artisti spesso risulta frustrante. Voglio dire che quando a opera ultimata ci confrontiamo con la delusione di ciò che non siamo riusciti a fare, capita o potrebbe capitare di sentirsi scoraggiati. A volte la nostra mente e la nostra immaginazione possono vedere molto lontano ma poi, la nostra mano "umana" ci incatena al giudizio. Ecco, ho fatto questa piccola introduzione anche per invitarti – in questa tappa – a lasciare andare qualunque forma di giudizio. Non esiste "bello" o "brutto", "giusto" o "sbagliato"; il lavoro che ti invito a fare parte dal presupposto che la tua creatività è perfetta così com'è.

La tappa del creativo
Condivido con te un'altra definizione importante relativa alla fissazione funzionale e lo faccio per introdurre il concetto di pensiero laterale. La creatività è inversamente proporzionale alla

fissazione funzionale e questo vuol dire che più la fedeltà alla funzione di un oggetto è alta (ad esempio siamo convinti che una chiave possa essere usata solo ed esclusivamente per la serratura) minore sarà la creatività rispetto al suo uso e quindi all'uso che ne faremo. Con questo intendo dire che percorrere questa tappa significa abbandonare il giudizio, ma anche aprire la mente. Dimentica per un attimo il "si fa solo così" e lasciati guidare.

Per pensiero laterale – termine coniato dallo psicologo maltese Edward De Bono – si intende la capacità di risolvere i problemi logici osservando il problema o la questione da diversi punti di vista. Si contrappone alla modalità tradizionale che prevede, invece, la concentrazione su una soluzione diretta al problema tramite la logica sequenziale, prendendo cioè in considerazione le cose conosciute e più ovvie. Il pensiero laterale, quindi, lavora in un modo completamente diverso; si dice che si poggi sul pensiero divergente e che cerchi punti di appoggio alternativi e diversi per trovare una soluzione, ma anche per "trovare qualcosa di nuovo".

Ora, sarà facile immaginare che una persona creativa, ma anche un inventore, siano capaci di accedere a questa modalità. Pensa ad esempio agli scrittori di romanzi fantasy che quando scrivono sfidano il noto e qualunque tipo di legge. Oppure pensa a quando creano mondi inesistenti dal nulla. O, ancora, pensa a un inventore che, come ipotesi di partenza, ha la certezza di cercare il nuovo, qualcosa che non è mai stato scoperto e quindi prima o poi lo trova, perché spinge la sua mente a cercare nei cassetti mai aperti, dando per assunto che questo qualcosa c'è, esiste e che vada solo scovato.

Questa, esattamente questa, è la condizione di cui abbiamo bisogno per accedere alla seconda tappa. Adesso che gli assunti sono fissati, possiamo procedere davvero.

Se è vero che «il discorso conquista il pensiero, ma la scrittura lo domina» (Walter Benjamin), oggi e in questo momento, impugnando la penna o iniziando a scrivere sulla tua tastiera (se hai scelto comunque di usare il PC), sentirai cosa vuol dire essere padroni della propria creazione.

In questa seconda tappa faremo quindi due cose. La prima è usare il pensiero laterale per capire come puoi andare dove vuoi andare, cioè come devi agire per raggiungere la tua "destinazione", che altro non è che il tuo sogno più grande. Useremo il pensiero laterale per farlo, perché non è detto che per fare quello che vuoi fare, tu possa farlo in modalità "nota", "normale" o conosciuta". Cioè, magari la soluzione giusta per te non l'hai ancora trovata perché l'hai cercata solo nei cassetti di cui conosci il contenuto e la collocazione. E se ci fosse un cassetto che non hai mai aperto?

La seconda cosa è usare il pensiero laterale per creare la tua storia da raccontare. Questo perché il tuo personaggio potrebbe aver bisogno del non conosciuto per muoversi, venire fuori o manifestarsi. Per fare un esempio esplicativo: secondo te, quando Tolkien ha creato il suo mondo fantastico, tracciato terre, territori, personaggi e progenie, si è basato solo su quello che già conosceva? Io non credo. Quando si è capaci di creare qualcosa di nuovo o innovativo, sicuramente si vanno a esplorare luoghi, possibilità, visioni e soluzioni non conosciute.

Quindi andiamo, senza più indugi, al primo esercizio che introduco con un'altra citazione, sperando di creare un po' di sana suggestione: «Io credo soltanto nella parola. La parola ferisce, la parola convince, la parola placa. Questo, per me, è il senso dello scrivere» (Ennio Flaiano).

Esercizio n. 1

In questo primo esercizio cercheremo di rispondere alla domanda "come andare dove vogliamo andare" e quindi, "cosa serve per andarci". Fai l'esercizio scegliendo una di queste opzioni:

1) Rispondi ragionando in prima persona e quindi pensando di costruire tu stesso il tuo itinerario per il cambiamento che vuoi.

2) Rispondi in terza persona pensando e utilizzando il tuo personaggio e cercando di capire come fa o come potrebbe fare lui/lei ad andare dove vuole andare.

3) Ragiona in terza persona, come se fossi il tuo personaggio, cercando di capire – proprio come se fossi lui/lei – dove vuoi andare tu. Per farlo è utile tracciare doti, valori, competenze e identità del tuo personaggio, entrare in quei panni e poi ragionare con la sua testa (e non con la tua). Te la senti? Se sì, prova, è un esercizio che rende ottimi spunti di riflessione.

Comunque, tornando all'esercizio base e quindi al "cosa serve per andare dove vuoi andare", ti invito a prendere un foglio di carta, a scrivere in alto la parola "valigia" oppure "occorrente" o "bagaglio" ecc. o anche ad individuare qualcosa che possa equivalere a un contenitore del "cosa ti serve".

A questo punto:

- dividi il foglio in due parti;

- nella colonna di sinistra scrivi "cosa ho";

- nella colonna di destra scrivi invece "cosa mi manca".

Compila questo elenco tenendo sempre in mente le opzioni dettate nell'incipit dell'esercizio. Chiediti: chi sta facendo l'esercizio? Tu? Il tuo personaggio? Tu nei panni del tuo personaggio?

Nel caso in cui l'esercizio lo stia facendo soltanto il tuo personaggio (cioè stai facendo questo esercizio ai fini narrativi) sarà utile pensare a cosa serve al tuo eroe/eroina per andare dove vuole andare in termini di:

- tappe intermedie, soste, deviazioni di traiettoria;

- armi, pozioni magiche, accessori, tesori;

- alleati, amici, nemici, maestri, mentori, antagonisti;

- vicissitudini, scoperte, posti nuovi, nuovi incontri;

- vittorie, sconfitte, pause;

- storie d'amore, di tradimento, di gelosia;

- mezzi di trasporto, passaggi, scorciatoie;

- mappe, viaggi lunghi o brevi.

Nel caso in cui si tratti di te e del tuo percorso e le linee indicative che hai appena letto avessero suscitato il tuo interesse, potresti usarle comunque in forma di metafora ma anche, e più propriamente, potresti pensare a questi assunti capaci di ampliare il tuo ragionamento:

- Qual è la prima piccola cosa che puoi fare oggi, in questo momento, per avvicinarti alla tua destinazione?
- Puoi capire cosa ti serve?
- Puoi individuare una persona che possa aiutarti?
- Puoi fare una telefonata o acquistare qualcosa?
- Puoi informarti su qualcosa che non sai o non hai?

→ Ti invito a rispondere adesso alle domande.

Esercizio n. 2

Un altro esercizio molto utile che puoi fare per farti venire delle idee, si chiama *brainstorming*. Lo conosci? È una tecnica creativa utilizzata solitamente nelle attività di gruppo ma che io utilizzo moltissimo anche in modalità solitaria. Serve a scrivere un elenco infinito di proposte o soluzioni utili ad affrontare un problema o una questione di diversa natura. Lo scopo è mettere a tacere la parte critica e utilizzare perfino, anzi soprattutto, i paradossi, tirando fuori qualunque tipo di idea al riguardo, senza che nessuna venga censurata.

Una volta fatto questo, cioè arrivati a cinquanta, ma anche cento idee/soluzioni, si possono vagliare quelle più significative anche dal punto di vista logico. Una volta ho utilizzato questa tecnica fino ad arrivare a centocinquanta idee per risolvere una questione personale. Insomma è una tecnica che ti permette di mettere in moto il pensiero laterale e la tua creatività. Prova!

Ovviamente la cosa fondamentale è individuare su cosa ci sia bisogno di fare brainstorming. Magari sulla risoluzione o inventiva relativa a un'impresa del tuo personaggio, oppure sui diversi modi di risolvere o trovare un pezzo che ti manca – nella vita – per andare dove vuoi andare. Quello che posso consigliarti è di utilizzare un quaderno su cui ogni mattina, per almeno due settimane, scriverai qualche idea su come fare per andare avanti nel tuo viaggio, per raggiungere o avvicinarti alla tua destinazione.

Potresti scomporre l'itinerario in tre punti di vista fondamentali:

- cosa serve per...

- come faccio a...

- chi mi può aiutare...

E poi, potresti usare il *brainstorming* per ogni punto di vista.

Anche per questo suggerimento, decidi da quale posizione fare l'analisi: se dalla tuo o da quella del tuo personaggio. Probabilmente ti servirà un po' di tempo per esplorare questa parte. Usa tutto quello necessario e pensa che ne trarrai un grande valore.

→ Prova ad abbozzare qualche idea e a iniziare comunque. Anzi, ti invito a farlo proprio adesso.

Esercizio n. 3

Analizza più da vicino te stesso, o il tuo personaggio, e il relativo "chi voglio essere". Le domande alla base di questo lavoro suonano più o meno così:

- qual è la versione migliore di te e/o del tuo personaggio?

- chi vuoi diventare tu e/o chi può diventare il tuo personaggio?

Per fare questo esercizio scendi il più possibile nel dettaglio. Immaginati o immagina il tuo personaggio (a proposito, come si chiama?) e prova a capire, ad esempio, come ti vestirai quando sarai chi vuoi essere o come si vestirà lui/lei quando sarà chi vuole essere. Poi fai la stessa cosa pensando al resto: azioni, parole, pensieri, comportamenti, identità, valori ecc.

Quello che ti sto chiedendo, insomma, è di fare l'*identikit* di te o del tuo personaggio, *in un tempo futuro*, dando per scontato che sia tu che lui/lei avrete raggiunto ciò che volete essere.

Ecco un po' di domande utili al tuo identikit o a quello del tuo personaggio, sempre senza dimenticare che stai facendo una descrizione di come sarai tu nel futuro o di come sarà lui o lei:

- Nome (applicabile nel caso del personaggio o nel caso di una nuova azienda-attività lavorativa che ti rappresenti o lo rappresenti)?
- Descrizione fisica?
- Punti di forza?
- Punti di debolezza su cui lavorare ancora?
- Orientamenti (politici, religiosi, sessuali ecc.)?

* Cosa ami o cosa ama?

* Cosa odi o cosa odia?

* Di cosa ti occupi o di cosa si occupa?

* Quali sono i tuoi valori o quali sono i suoi?

* Qual è il tuo o il suo mantra?

* In cosa credi o crede fermamente?

* Qual è il motivo che continua a muoverti o continua a muoverlo verso l'impresa intrapresa?

* Quali sono i tuoi o i suoi bisogni e quali i desideri?

* Ci sono ancora delle convinzioni da analizzare per andare avanti?

* In quale ambiente ti trovi o si trova lui/lei una volta raggiunta la destinazione?

* Cosa vedi o cosa vede all'orizzonte o intorno?

* Cosa senti o cosa sente?

* Come fai o come fa a sapere che la destinazione è stata raggiunta?

→ Prova a rispondere di getto a tutte queste domande.

Esercizio n. 4

Presentazione di te o del personaggio. Prova a descrivere, a raccontare, a mostrare te o il tuo personaggio come se dovessi presentarti o se dovessi presentare lui/lei ai tuoi lettori.

Questo esercizio della "presentazione" sarà tanto più utile quanto più riuscirai a farlo da diversi punti di vista e da diverse angolazioni che riassumo qui sotto e che ti consiglio di esplorare interamente, senza tralasciarne nessuna:

- Descriviti adesso (descrivi te stesso) nel qui e ora, nel momento presente, utilizzando la prima persona. Ad esempio: sono molto sensibile e questo mi porta a essere una persona introversa. Amo stare all'aria aperta ed ho scoperto di avere dei limiti ecc.

- Poi descriviti, sempre in prima persona, e raccontaci chi sei diventato/diventata. Quindi portati avanti con l'immaginazione, nel futuro, cioè posizionati a quando avrai raggiunto il tuo traguardo, qualunque esso sia. Prova prima a scrivere di quando, in passato, sei riuscito/riuscita a contattare la versione migliore di te. Poi chiediti: come farai a sapere che sarai diventato/diventata quella versione? Cosa vedrai? Cosa sentirai? Ad esempio: sorrido, mentre mi vedo circondato/circondata da persone che comprendo perfettamente, che sento e con le quali riesco a comunicare con la massima apertura...

- Adesso fai la stessa cosa per il tuo personaggio. Inizia a farlo parlare di sé nel momento presente e poi nel momento futuro, quando sarà diventato chi vuole essere (a proposito, chi vuole essere? Quale impresa vuole compiere? Cosa vedrà quando ci sarà riuscito? Qual sarà la sua ricompensa?). Usa, anche per il personaggio, la prima persona.

- Torniamo a te. Adesso ti chiedo di presentarti a noi e al mondo usando la terza persona. Presenta il te stesso del tempo presente. Ad esempio: trovo che sia una persona molto sensibile, sembrerebbe essere introversa ma...

- Fai la stessa cosa, sempre in terza persona, raccontando chi sei diventato/diventata, usando, quindi, il tempo futuro. Ad esempio: mi chiedo come faccia a interagire con tutte quelle persone comprendendo esattamente di cosa hanno bisogno... Non ho mai visto una persona così empatica ed estroversa.

- Adesso fai la stessa cosa per il tuo personaggio. Usa la terza persona e fallo parlare del suo essere nel momento presente e nel momento futuro.

Tutti questi cambi di voce e prospettiva servono a eludere la fissazione funzionale che riguarda non soltanto la limitazione pratica ma anche quella personale, emotiva e caratteriale. Perché? Beh, perché *non vediamo le cose come sono, ma vediamo le cose come siamo noi* (Anaïs Nin). L'invito è quindi a non sposare gli assunti. Mantieni saldi i principi e i valori, certo, ma cerca di non creare rigidità o fissazioni.

Un'altra cosa che mi viene in mente per eludere la fissazione funzionale e che mi ha sempre colpito tanto, riguarda l'archetipo dell'Appeso. Hai presente gli arcani maggiori dei tarocchi? Ecco, questa figura mi ha sempre affascinato, tanto che una volta ci ho scritto un intero racconto. Voglio dire che l'Appeso rovescia la prospettiva e si distacca anche dal già noto e dal già conosciuto. Opera un percorso di iniziazione attraverso il dolore e lo fa capovolgendo la realtà. È come se la guardasse con nuovi occhi. Un esempio molto forte, certo, ma credo che sia davvero in grado di rendere l'idea.

Un suggerimento specifico (valido per il percorso narrativo e fondamentale ai fini stilistici) è relativo al "come fare per mostrare, piuttosto che raccontare". Eccolo: per mostrare usa i verbi, le azioni. Cioè, fai fare le cose al soggetto delle tue frasi, al personaggio. In questo modo sarà più facile che tu possa mostrare e creare frasi più incisive. Ad esempio: non dire che qualcuno è in ansia, mostra la sua ansia: fallo camminare avanti e indietro, descrivine il respiro, fai in modo che faccia cose sconnesse, che sia in affanno ecc.

Esercizio n. 5

Continuiamo con la nostra esplorazione. Adesso ti chiedo di riprendere la tua mappa e disegnare tra te e dove vuoi andare (cioè esattamente al centro della traiettoria che unisce questi due punti) un posto di blocco, un ostacolo, proprio in mezzo alla traiettoria. Quello che ti sto chiedendo è di provare a pensare cosa potrebbe sbarrarti la strada. Riesci a vedere o a immaginare di quali ostacoli si tratti? *Suggerimento*: prova a scriverli tutti, in un foglio separato, per poi identificare quello più grande.

A questo punto inizia a individuare una serie di ipotesi per capire come risolvere/superare questi ostacoli. Potrebbe essere utile ricordarti del brainstorming di cui abbiamo parlato nell'esercizio n.

2. Se non lo ricordi, fermati e riguardalo un attimo. Bene. Adesso dividi l'esercizio in 3 step, anche questi tutti fondamentali per avere una visione il più esaustiva possibile.

Step n. 1

Individuati tutti i possibili ostacoli che potresti incontrare, ovvero quelli che hai già elencato sul tuo foglio, poi fanne una classifica e infine evidenzia quello più significativo, quello che ti fa più paura, cerchiandolo di rosso (o evidenziandolo, se lavori al PC) per riportarlo sulla mappa: esattamente al centro tra te e la tua destinazione.

Step n. 2

Individua le possibili soluzioni (perfino quelle paradossali o creative) alla risoluzione di quell'ostacolo, ricordando che la parola "impossibile" significa, in realtà, che non è possibile nel modo in cui stai provando o nel modo che conosci, ma potrebbe esserlo in un modo diverso.

In questi primi due step hai usato una sorta di dialogo interno, vivendo la situazione in prima persona, come se avessi una telecamera sulla testa. Vero?

Step n. 3

Adesso prova a pensare che non sia tu a dover trovare soluzioni creative a quell'ostacolo ma un'altra persona, una che nella tua immaginazione sia potente nel suo ruolo (quasi onnipotente) e che dalla sua posizione possa aggirare con facilità quegli ostacoli. Ad esempio: per risolvere la tua situazione potrebbe servirti un avvocato? Un principe? Un presidente? Un maestro? Un guru? Un filosofo? Oppure, usando gli aggettivi capaci di descriverne le caratteristiche, chiediti se ti serve una persona forte, disciplinata, sicura di sé, agile ecc.

Individuato il ruolo e/o l'aggettivo (oppure entrambi) che secondo te possano fare la differenza, immagina: cosa farebbe quella persona nel suo ruolo con queste determinate caratteristiche? Come aggirerebbe gli ostacoli e, soprattutto, quell'ostacolo che ritieni essere più significativo sarebbe ancora così bloccante?

Questo esercizio ti permette di ragionare in terza persona, come se avessi una telecamera esterna alla scena, ed è capace di darti una visione ampia su tutto. Poi, se proprio avessi voglia di andare oltre, una volta che hai la visione dall'alto della persona per te risolutiva – con il suo ruolo e le sue caratteristiche/aggettivi – entra dentro quella persona e cerca di capire se, per caso, non ti sentiresti a tuo agio anche tu in quel ruolo e con quelle caratteristiche. Intendo dire che, se lo hai scelto, ci sarà un motivo. Di solito, negli altri riconosciamo, detestiamo o amiamo ciò che racconta di noi.

A questo punto fai la stessa identica cosa per il tuo personaggio. Pertanto ripercorri i vari step – senza tralasciarne nessuno – facendoli fare anche a lui/lei. Questo sarà di aiuto alla storia, cioè alla storia che stai scrivendo se hai scelto di lavorare dal punto di vista artistico e narrativo.

Giusto per darti qualche riferimento in più: se lo farai, con questo esercizio delineerai il "punto di vista" della tua narrazione:

- la *telecamera interna* è relativa al punto di vista del personaggio che vede la storia sempre e solo da dentro;

- la *telecamera esterna* è relativa al punto di vista del narratore onnisciente, esterno alla storia;
- entrambi possono narrare in prima o in terza persona, anche se il narratore esterno usa più facilmente la terza persona o, al massimo, alterna le due voci.

Prima di chiudere questo capitolo, voglio condividere con te un'ulteriore riflessione relativa al tentativo di percorrere passi in avanti nella propria vita. Molte persone, soprattutto quando non riescono, quando falliscono o incontrano degli ostacoli nel farlo, iniziano a vagare in cerca di qualcuno che abbia avuto la loro stessa esperienza. Ci hai mai fatto caso? Voglio elencarti qualche situazione nota che riguarda gli ostacoli che si possono presentare durante il tentativo di fare dei passi in avanti. In questo modo, se qualcuno di questi ostacoli "noti" è emerso anche nel tuo lavoro con la scrittura, potrai sentirti sollevato e continuare ad andare avanti verso la meta.

Se ad esempio, l'ostacolo dovesse venire da chi ti ama, considera che è solo il suo modo di mostrare la paura di perdere l'immagine o il ruolo con cui ti identifica, cioè come è abituato a vederti. In questo caso potrebbe essere utile rassicurarlo o rassicurarla e continuare a non rinunciare ai tuoi sogni.

In ogni caso, di qualunque ostacolo si tratti, penso possa esserti utile considerare che quell'ostacolo sia lì per testare la tua motivazione a cambiare, ad andare oltre. È importantissimo, per questo motivo e come abbiamo già detto, avere una forte motivazione e ricordarsi sempre il "perché", "il motivo": perché vuoi cambiare o evolvere?

In questo caso la risposta è perché hai individuato un posto diverso da quello dove sei e, se hai seguito il filo del discorso di questo testo, quel posto dovrebbe rappresentare ciò che ti fa felice.

Vorrei sottolineare anche un'altra questione. È un concetto un po' insolito che mi è capitato di leggere molti anni fa e che suona più o meno così: *ricorda che non ottenere quel che si vuole può essere talvolta un meraviglioso colpo di fortuna.* Questo concetto buddista fa parte dei principi enunciati dal Dalai Lama. Ogni volta che mi imbatto in questa frase, mi ricordo che occorre non essere così affrettati nel definire ciò che ci capita o che non ci capita, come "giusto o sbagliato", "fortunato o sfortunato".

Intendo dire che le cose capitano *per noi*. Ci vorrebbe un altro libro per spiegare questo concetto ma, a voler scegliere qualcosa in più da condividere su questo punto, ti direi che solo quando siamo allineati con la nostra anima, con il nostro vero intento, le cose che capitano o non capitano sono ugualmente "giuste".

A questo proposito, e per questo motivo, mi viene in mente un passaggio del libro in cui il grande J. Hillman (psicanalista, saggista e filosofo) parla del codice dell'anima dicendo che, per decifrarlo, si ispira al mito platonico di Er, secondo cui l'anima di ognuno di noi sceglie un compagno di viaggio. Questo compagno porta il nome di *"daimon"*, come lo chiamavano i greci, oppure *"genius"* per i latini, o "angelo custode" che è una definizione più vicina alla nostra cultura. In ogni caso possiamo definirlo come colui che sta al centro e fa da intermediario tra ciò che è divino e ciò che è umano. Il *daimon* ha il compito di guidarci nel nostro cammino terreno, aiutandoci a compiere il nostro destino.

Ecco, quando ho letto questo libro i miei occhi si sono illuminati e ho voluto credere a questo punto di vista (ognuno ha il suo o ne sposa uno). Secondo questa mia linea guida, mi viene da aggiungere che è giusto per noi quando il *daimon* ne sorride, quando ci aiuta a far accadere ciò che vogliamo far accadere.

Forse questo concetto, questa chiusa, dà valore alla scelta della parola "architetto" che, insieme al pensiero creativo e alla figura del creativo e della creatività, ha dato inizio a questo secondo capitolo. Quello che intendo è che l'architetto, a volte, è la metafora del creatore, dell'ideatore-pianificatore. In ultima analisi, direi che al di là di quello che si possa credere sul destino, sul *daimon*, sposare la figura dell'architetto – ancora una volta – significa accettare il fatto che prendersi la responsabilità è l'unica via per costruire il proprio universo.

Non dico (non lo direi mai) che fare tutto questo sia facile. Anzi, dare una svolta in meglio alla propria vita, non è affatto facile. Cambiare non è facile. Ogni nuova cosa ha bisogno di tanto impegno e di tanta disciplina, soprattutto di tanta fermezza nell'andare avanti comunque, perché questo è il meglio per noi (sempre che sia il nostro assunto e che sia in linea con il nostro "piano" e quindi con i nostri obiettivi verso il raggiungimento del sogno più grande). Ci tengo però a precisare una cosa: spero che nessuno pensi che non ci si debba impegnare per evolvere.

Insomma, fare quello che andrebbe fatto è difficile. Sarebbe molto più semplice sposare la teoria dell'ozio: sono stati scritti molti testi sull'argomento. Io ne ho letti almeno due e posso dire di aver compreso dei concetti importanti:

- Lavorare meno significa lavorare con un tempo di maggiore qualità, e non "oziare e basta". Significa essere focalizzati, ad esempio, senza interruzioni e quasi mai in multitask, anche se confesso di essere stata -e un po' di esserlo ancora- una fautrice del multitasking.
- Lavorare meno può significare lavorare meglio, programmando le pause, l'ozio, lo svago.
- Lavorare meno significa delegare ciò che non ti piace o che non ti viene bene.
- Lavorare meno può significare semplicemente programmare e avere la pazienza di resistere alla tentazione del "tutto e subito".

Tutto questo non significa prendersela comoda. Se vuoi il meglio, devi dare il meglio e, se vuoi raggiungere i tuoi obiettivi, devi scaldare i muscoli e misurare i tuoi passi. Piccoli o grandi che siano, inizia a muoverli o resterai esattamente dove sei.

«È dunque questo che chiamano vocazione: la cosa che fai con gioia, come se avessi il fuoco nel cuore e il diavolo in corpo?» (Josephine Baker).

RIEPILOGO DEL CAPITOLO 2:

- ESERCIZIO n. 1: Chiediti e scrivi: *Come fai ad andare dove vuoi andare? Cosa ti serve?* (Cosa hai e cosa ti manca?) ovvero l'esercizio della **valigia**.

- ESERCIZIO n. 2: Fai del brainstorming creativo considerando queste tre linee guida: "cosa ti serve per...", "come fai a...", "chi ti può aiutare...".

- ESERCIZIO n. 3: Chiediti e scrivi: *Chi vuoi essere?* Fai il tuo identikit e quello della migliore versione di te; poi fai la stessa cosa per il tuo personaggio.

- ESERCIZIO n. 4: Tecnica della **presentazione** in prima e terza persona di te e del tuo personaggio + esercizi relativi al **punto di vista**.

- ESERCIZIO n. 5: Esercizio per individuare il **posto di blocco** e l'ostacolo principale tra te e la tua destinazione.

Ricordati che questi 5 esercizi puoi farli per te, per il tuo percorso personale ma anche per il tuo personaggio, così come ti ho guidato a farlo, nel caso tu ti stia cimentando nella scrittura di una storia o di un testo narrativo.

Capitolo 3:
Come seguire la propria evoluzione

Questa di Albert Einstein è una delle mie citazioni preferite e la userò per introdurre questo ultimo capitolo operativo: «Tutto è energia e questo è tutto quello che esiste. Sintonizzati alla frequenza della realtà che desideri e non potrai fare a meno di ottenere quella realtà. Non c'è altra via. Questa non è Filosofia, questa è Fisica».

In questo terzo capitolo parleremo dell'"eroe", del "leader" e del "piano", che qualcuno chiama destino e altri chiamano "missione". Lo strumento che utilizzeremo per questa terza tappa è l'*evo-scrittura*, cioè la *scrittura di tipo evolutivo* e parleremo, appunto, di come seguire la propria evoluzione. Significa che, alla fine di questo capitolo, con buone probabilità avrai dato qualche risposta o avrai messo qualche punto fermo rispetto alla domanda: *Vuoi evolvere e lasciare un segno del tuo passaggio?*

A un passo dalla fine, mi impongo di alzare il tiro e lo faccio perché parliamo di evoluzione e per evolversi, non c'è nulla da fare, occorre alzare il tiro. Parto da qui: immerso nel nostro infinito chiacchiericcio mentale – ma anche sepolto nel nostro tentativo di evitare il dolore, le delusioni e i fallimenti – c'è il disegno della nostra vita. E non sempre lo vediamo. Spesso, meno che mai lo ascoltiamo. Perché?

Perché evolvere è faticoso. Perché la pigrizia ci permette di ottenere forme di appagamento costanti e veloci ma, alla lunga, ci penalizza. Perché è più facile consolidare le abitudini e, più di ogni cosa, perché: «La nostra paura più profonda non è di essere inadeguati. La nostra paura più profonda è di essere potenti oltre ogni limite» (Marianne Williamson).

Magari quanto sto per scrivere lo avrai letto in altri testi che parlano di evoluzione (che è alla base del principio umano) e cioè: io posso darti solo e soltanto degli strumenti che possono andare bene per te, oppure no. In ogni caso, sei tu a fare la differenza. Evolvere o non evolvere ti è funzionale.

Quando ho scoperto questa amara verità, ho potuto fare un salto in avanti. Quello che intendo è che si sta fermi in certe situazioni oppure si tende a ripetere cicli, cerchi e copioni, perché ci sono funzionali. Ho scoperto sulla mia pelle quanto amari possano essere i cicli e le questioni che si ripetono e si ripetono, e ancora si ripetono finché, come si suol dire, non impari la lezione. Ma finché non la impari, non evolvi. Questo è! Non lo dico per scoraggiarti, ma perché ti spinga ad andare oltre e a fare uno sforzo in più, in questi ultimi chilometri da percorrere per arrivare alla meta: la tua.

La scrittura introspettiva così come te la sto presentando mi ha permesso di arrivare dove sono oggi, di pubblicare quindici testi tra narrativa, poesia, teatro, saggistica e di scrivere la mia storia, ma anche quella dei personaggi dei miei libri. Intendo dire che questo strumento mi ha permesso di creare storie, sì, di fare arte, ma anche e *in primis* di dare alla luce, cioè di incontrare, il mio sogno più grande: essere una scrittrice e una formatrice. Com'è successo?

Lo condivido con te. Un giorno, all'improvviso, il cambiamento è venuto a bussare alla mia porta, per fortuna ero ancora giovane e in salute per poterlo seguire. Quel cambiamento era un sogno e, se è vero che tutti ne hanno uno, a questo punto devo chiederti: *qual è il tuo sogno?* Intendo dire: è ancora la tua destinazione iniziale – quella che hai scelto quando hai iniziato a leggermi – o nel frattempo, lavorando sulla seconda tappa, ti sei accorto, accorta, che qualcosa è cambiato?

In ogni caso mi piace chiederti: se ogni cosa fosse possibile, se tutti i lavori fossero pagati allo stesso modo, se non ci fossero limiti all'immaginazione, se il tempo non esistesse, quale sarebbe il tuo sogno più grande? Adesso, in questo preciso momento, mentre leggi, qual è? Te lo chiedo e richiedo perché è esattamente da qui che partiremo per questa nostra (tua) ultima e importantissima tappa: quella dell'eroe.

La tappa dell'eroe

La parola "eroe" viene dal latino *heros* che, a sua volta, deriva dal greco e indica chi è capace di proteggere e servire ma anche chi sa essere valoroso e forte, o portatore di principi e valori. L'archetipo dell'eroe rappresenta anche ciò che Freud ha chiamato *Io* e quindi, in questo senso, rappresenta la ricerca della propria identità e della propria compiutezza. Della propria evoluzione, appunto.

L'eroe con coraggio trasforma il proprio procedere in un cammino di senso compiuto, ché questo siamo chiamati a fare nella vita. La verità è, insomma, che siamo eroi quando ci prendiamo la responsabilità di noi stessi e della nostra vita.

Eroe, per me, significa anche che ognuno è solo nell'affrontare il proprio cammino in prima persona e da solo muoverà i primi passi verso la propria realizzazione. In quel momento saprà molto bene cosa è davvero e cosa significhi essere un eroe. In fondo, mi sono detta un giorno, siamo eroi ogni volta che siamo capaci di affrontare, nella quotidianità, draghi potenti come "la paura", "il dolore", "la perdita". Da eroi o da semplici esseri umani, l'unica cosa che vogliamo davvero, quando sfidiamo i draghi, non è solo "vincere" ma comprendere la natura delle nostre prove.

La vita stessa è un viaggio, ci spostiamo continuamente da un punto X di partenza a un punto Y di arrivo. Per molti l'immobilità è una scelta, per altri l'evoluzione è l'unica possibilità di salvezza. In questo nostro viaggio accumuliamo prove su prove, difficoltà che fanno di noi quello che siamo ma che, a volte, ci incastrano confinandoci in ruoli che non sappiamo di aver scelto.

In ogni caso, il viaggio dell'eroe (la vera evoluzione) è nella quotidianità, ma essere davvero un eroe significa "semplicemente" ricercare la parte dell'Io, della propria identità, in quel processo che ci trasforma con coraggio, in uomini compiuti: questo è quello che rappresenta l'archetipo dell'eroe.

Per ogni trasformazione è necessaria una comprensione della realtà che ci permette di fare un salto. Viaggiare attraverso gli archetipi, infatti, permette esattamente questo: conoscere gli strumenti per affrontare quel salto. Certo, in questo libro abbiamo analizzato tante cose, ma probabilmente abbiamo messo l'accento soltanto su tre passaggi principali relativi al viaggio e all'evoluzione, mi riferisco agli "archetipi". Tre tappe e tre punti archetipici, quindi, che possiamo riassumere in questo modo:

- Nel primo capitolo abbiamo parlato del punto di partenza, dello stato attuale e di chi siamo. Un punto di inizio, la prima coordinata della nostra retta, della nostra direzione verso lo stato desiderato, verso la meta, verso il nostro sogno più grande e questo rappresenta un po' la **preparazione** al viaggio.
- Nel secondo capitolo, invece, abbiamo parlato del viaggio vero e proprio e cioè, nello specifico, di come facciamo per andare

dove vogliamo andare, partendo da dove siamo. Quindi abbiamo cercato di capire quali siano i passi necessari, cosa potremmo fare per arrivare un po' più in là rispetto a dove siamo e quali ostacoli potremmo trovare. E questo rappresenta invece il **viaggio** vero e proprio. Un viaggio diviso in tappe o piccoli obiettivi.

- Ora, in questa ultima parte, affronteremo la questione del **ritorno**, intesa anche come chiusura della prova necessaria a comprendere ciò che abbiamo appreso, ma anche a capire come ci siamo evoluti o come possiamo e vogliamo evolvere ancora.

Prima di passare agli esercizi, dunque, vorrei affrontare un po' più da vicino queste tre importantissime fasi, dando loro dei nomi ben precisi.

La preparazione al viaggio
«Uomo, conosci te stesso e conoscerai l'universo». Questa frase, di solito attribuita a Socrate, è in realtà la replica di una famosa iscrizione sul frontespizio del tempio dell'oracolo di Delfi e descrive in pieno la fase dei preparativi, quella che abbiamo affrontato nella prima tappa, cioè nel capitolo 1.

La fase dei preparativi comprende anche il momento in cui sposiamo in pieno il paradosso del cambiamento a cui abbiamo già accennato in apertura: *possiamo cambiare quando diventiamo ciò che siamo e non quando cerchiamo di diventare chi non siamo.*

Capire, accettare e accogliere la situazione presente – lo stato attuale, il "qui e ora" – definisce il punto di partenza che permette di muoversi verso una direzione: quella desiderata. Quando facciamo i preparativi per questo viaggio – di qualunque viaggio si tratti – accettiamo di stare in un punto di partenza X che, sulla nostra mappa, abbiamo visto essere fondamentale. È un po' come dire che accettiamo e prendiamo confidenza con la realtà in cui viviamo, con il nostro "qui e ora" e con il "chi siamo-dove siamo". Quando questo accade, di solito siamo davvero pronti per il viaggio. Un po' come se fare il punto di ciò che siamo ora e di cosa abbiamo, avesse significato anche "fare la valigia".

Il viaggio
«Il vero viaggio di scoperta non consiste nel cercare nuove terre, ma nell'avere nuovi occhi». Anche questa fase mi piace aprirla con una citazione, stavolta di Marcel Proust. Mi viene da aggiungere:

la verità è che nel momento esatto in cui riusciamo ad avere nuovi occhi, allora siamo già in viaggio.

In ogni caso, il viaggio è proprio il momento dell'azione, l'itinerario vero e proprio – il fare – quello che sta al centro e che unisce il "dove sono/chi sono" con il "dove voglio andare/chi voglio essere".

Questa parte, che è un po' la seconda tappa, l'abbiamo vista nel capitolo 2 e racconta delle prove, del cammino, dei passi e quindi di tutte le tappe intermedie e degli obiettivi necessari all'avanzamento e alla prosecuzione del viaggio. È nel viaggio, infatti, che possiamo davvero fare, andare incontro e guardare in faccia tutte le parti di noi, i nostri limiti, i nostri punti di forza e sperimentare, o meglio capire, quali sono i nostri valori, cosa ci spinge ad andare avanti e cosa a tornare indietro. In questo viaggio troviamo davvero noi stessi e la nostra identità.

Il ritorno
«L'uomo forte crea gli eventi, l'uomo debole subisce quelli che il destino gli impone». Questa citazione di Alfred de Vigny, mette a

confronto le correnti di pensiero relative al destino. C'è chi dice che il destino lo si crei, chi dice che lo si subisca, ma c'è anche chi dice che a volte lo si abbracci perfino sulla strada presa per evitarlo.

In ogni caso, la via del ritorno è tra i miei passaggi preferiti, parla del ritorno a sé e del compimento del proprio destino, cioè parla del realizzare se stessi e quindi dell'evolvere. Per fare questo, l'eroe che è partito si è anche trasformato, ed è diventato altro. Intendo dire che ciò che cambia quando ci mettiamo in viaggio può essere relativo al percorso, a volte alla destinazione, ma soprattutto a noi stessi. Per me significa che domani saremo sempre e comunque diversi da oggi.

Di solito, in questa fase, che è appunto quella evolutiva (infatti siamo nella terza tappa, nel capitolo 3, cioè esattamente dove sei adesso), l'eroe o chiunque sia partito per un viaggio, per questo viaggio, deve superare una dura prova perché evolvere talvolta significa incontrare i propri limiti e le proprie debolezze come anche misurarsi con essi.

Superate le prove, però, spesso ci si avvicina a una ricompensa e anche alla conquista della libertà. Questa libertà ci farà poi decidere cosa fare da lì in avanti e se, magari, si abbia voglia di iniziare una nuova tappa ancora, ché evolvere è alla base del principio umano ed è quello per cui stiamo qui ogni giorno – a tentare di andare avanti – ognuno come può e con quello che ha. Poi c'è chi si impegna davvero e fa di tutto per dare il meglio e portare avanti le proprie sfide, i propri ideali, e per superare tutte le sue prove: mosso e trainato da ciò in cui crede fermamente. Non è un caso che queste persone, alla fine e di solito, le chiamiamo leader.

Dopo questa introduzione che è per me un punto fermo per lavorare sull'evoluzione, mi piace approdare agli esercizi citando un grande lavoro fatto a questo proposito dallo scrittore Dan Millman nel suo libro *I 4 scopi della vita*. Gli esercizi che vi propongo iniziano da qui, dall'assunto secondo cui nella vita ci siano degli scopi e delle tappe fondamentali. Per Millman sono quattro. In questa fase "evolutiva" prendo spunto da qualcuno di questi scopi da lui citati per rielaborare il tutto con quella che è – e che è stata – la mia esperienza in merito.

Esercizio n. 1

In questo esercizio scomodo la *mindfulness* per comprendere quanto sia importante la consapevolezza dei propri pensieri e l'attenzione al momento presente.

Perché facciamo questo esercizio? La risposta che darò è il mio punto di vista personale, ogni autore ne ha uno, no? Quindi la mia risposta riguarda la centratura, che è indispensabile per comprendere davvero cosa sta accadendo nel punto in cui sei e in quello desiderato che ancora non è materia, cioè ancora non c'è se non nella tua vivida immaginazione.

Sappiamo – o almeno chi segue un po' i dialoghi e gli assunti della crescita personale lo sa – che il cervello non distingue ciò che è reale da ciò che è vividamente immaginato. In ognuno di questi casi, però, occorre essere centrati, lucidi, presenti a se stessi. Osservare il proprio respiro o le proprie azioni e stare lì con quello che c'è e nient'altro, è un ottimo esercizio per prendere confidenza con l'essere presenti a se stessi.

In questo momento esatto e in questa osservazione del qui e ora, ti chiedo di scrivere e di riflettere su quale importante lezione hai imparato dalla tua vita e quale dalla lettura di questo libro, se ritieni di aver appreso qualcosa. Scegli una sola lezione per ognuna delle due cose (una per la vita e una per il libro).

Scrivile adesso, restando interamente in questa consapevolezza e ricordandoti che questo esercizio puoi farlo per te e/o per il tuo personaggio.

Esercizio n. 2

Il secondo esercizio parla del motivo, di uno dei motivi, che mi ha portato a scrivere questo libro e risponde alla seguente domanda: che *valore* sto portando nel mondo? Iniziamo da qui. E tu, invece… Quale valore pensi che stai portando nel mondo?

→ Prova a scriverlo adesso.

Ciò che offriamo può racchiudere la nostra evoluzione e potrebbe farci scoprire che, in realtà, siamo dei leader o forse, contrariamente, dei seguaci. Chiunque siamo, il nostro compito è quello di fare la nostra parte. La nostra parte, la mia, la tua, quella di tutti consiste nel portare valore in termini di contributo. Perché di ignoranza – intesa in tutti i sensi – ce n'è ovunque ed è anche gratis, ma c'è anche tanto valore e forse, a un certo punto, nella vita, ognuno dovrebbe capire se intende schierarsi dalla parte dell'ignoranza o dalla parte del valore. Soffermati su questo, sul portare valore: lo stai facendo? Se sì, chiediti in che modo. Soprattutto, chiediti cos'è il valore per te.

Ragionaci e poi scrivi, anche, se questa lettura non ti abbia per caso ispirato a portarne ancora di più (di valore) o magari a essere una versione ancora migliore di te.
Lo stesso identico esercizio può, come sempre, riguardare il tuo personaggio.

→ Prova a pensarci e a scriverlo adesso.

Esercizio n. 3
Dopo aver parlato di valore, esco fuori da ogni scaletta, predefinita o culturale, e approdo alla parola "amore". Aprire questa parentesi un po' mi strattona e devo essere brava a non andare fuori tema, ché se una parte della mia vita l'ho dedicata e la dedico all'evoluzione, l'altra – anch'essa molto forte – la dedico con

dedizione all'amore, come fosse l'artefice di tutto il bene, di ogni risoluzione, di ogni evoluzione.

In questo contesto, però, e in questo particolare cammino, nonché in questo punto esatto del nostro viaggio, parlo di amore inteso come "amore per se stessi". E se dovessi scegliere una sola cosa da dire, come fosse l'emblema di questa fase del testo, direi che qualunque cosa tu voglia fare, ovunque tu voglia andare (da solo, da sola o con il tuo personaggio), riuscirai in questa impresa in modo direttamente proporzionale a quanto ti ami, ti stimi, ti rispetti. E il motivo è facilmente intuibile. Non si tratta solo di autostima, di amor proprio, di cura o rispetto, si tratta proprio di capire quanto riesci ad avere a cuore la tua evoluzione personale.

Voglio dire che, chiunque voglia migliorare una qualunque area della propria vita o si voglia occupare di una qualunque evoluzione, deve necessariamente iniziare dal miglioramento personale. Anche uscire dall'ignoranza o rifuggirla è una forma di amore per se stessi. È una forma di amore di sé altrettanto importante, se non più importante, anche il prendersi cura –quotidianamente – di se stessi.

Cosa intendo esattamente? Facile, intendo proprio: dormire, mangiare, fare attività fisica ecc. nel modo più giusto e salutare.

Questo passo è il più delicato, soprattutto per me, perché prima di essere una formatrice, prima di essere una counselor, una coach, prima di ogni cosa, sono un'artista e porto nel cuore quella stramba e insolita condizione degli artisti di un tempo. Penso ovviamente ai maledetti, con l'assenzio nelle vene e quel *mal de vivre* che mescolati facilitavano l'accesso a una parte molto, molto creativa.

Voglio dire che quando scrivo, quando creo, il tempo scorre e tendenzialmente potrei dimenticarmi dello scorrere delle stagioni, del giorno e della notte, degli orari stabiliti per i pasti, di bere, di andare in bagno. Nelle mie follie di gioventù, ad esempio, ci sono i libri creati e ideati in una sola notte e scritti in una settimana o poco più. Poi per fortuna, crescendo, ho capito che senza preservare me stessa, non c'era arte da condividere.

Ho tentato di sposare il principio secondo cui la disciplina è la vera libertà? Sì, ho tentato esattamente questo. Confesso che non è propriamente la mia specialità, però... Ho una disciplina e tempi miei, cioè ho fatto un po' una rivisitazione della disciplina canonica ma posso garantire che quando una cosa è importante (come ad esempio la scrittura di questo libro) riesco a essere organizzata, costante, precisa, disciplinata.

Inoltre posso dire che quando decido di dedicarmi del tempo e di comprendere che se i cicli delle stagioni si alternano c'è un senso (e parlo di quelli del giorno e della notte, ma anche dei cicli in generale) allora quel senso scandisce la giustezza dell'organizzazione e di quel giusto compromesso che mi permette di preservarmi. A tal proposito mi viene in mente di ricorrere, come spesso amo fare, all'etimologia delle parole.

Curiosamente, infatti, sto pensando proprio adesso – mentre scrivo – che la parola "amore" ha diverse etimologie. Ce n'è una che mi ha sempre colpito, anche se a volte l'ho trovata citata come "forma curiosa". Secondo questa forma, che è stata definita più "poetica" che "esatta", la parola amore deriverebbe dalla parola *mors*, che in latino significa "morte".

Quindi, se alla parola *mors* aggiungiamo la "a", l'iniziale di amore, che in questo caso rappresenta l'alfa privativo, otteniamo un risultato che suona come "senza morte". Secondo questo ragionamento, amore significa senza morte e senza morte lascia ben intendere cosa significhi cura di sé.

Ora, in questo terzo esercizio molto delicato, ti invito soltanto a fare una riflessione su questo concetto: amore e cura di sé. Sentiti libero, libera, di scrivere quello che vuoi, ma anche di fissare dei punti capaci di indicarti quanto nella tua routine quotidiana, sempre che tu ne abbia una, siano davvero presenti dei momenti per te. Soprattutto cerca di capire se hai bisogno di prenderti maggiore cura di te stesso, di te stessa.

→ Prova a ragionare su questo, fallo adesso.

Per quanto riguarda il tuo personaggio: il concetto di amore vale proprio nello stesso identico modo. Però (come evitarlo...) questo concetto abbraccia e si espande anche all'autostima e all'amore vero e proprio. Cosa intendo? Beh, ti direi, con un sorriso, che difficilmente manca una storia d'amore nei libri o nelle avventure e nei romanzi. Non trovi? Perciò, se vuoi, puoi ragionare anche su questo tramite la domanda: *Nella tua storia, come si confronta il tuo personaggio con l'amore?*

Esercizio n. 4

Apro questo quarto esercizio citando un altro libro – *One word* di J. Gordon, D. Britton e J. Page – che invita a cercare e poi trovare, quella parola capace di guidare la propria evoluzione. Parafrasando questo invito, ti chiedo: se potessi pensarci adesso, in questo momento, quale sarebbe la parola più importante per te?

→ Prova a scriverla adesso.

Ora questa parola potrebbe essere un faro o uno sciatore apripista, un appoggio, una visione... Potrebbe essere lampante o potresti non essere in grado di trovarla subito. Per farlo, per trovare la parola capace di illuminare un altro pezzo di strada, cioè quello che ti manca per raggiungere la meta, potresti provare a rispondere alle domande che vengono sollevate nei vari capitoli del libro di cui sopra e che io riassumo in questo modo:

- Di cosa hai bisogno adesso, in questo momento?

- Cosa ti ostacola dal poterlo avere?
- Cosa devi lasciar andare per ottenerlo?

C'è una frase che accompagna le mie giornate e recita più o meno così: «Lascia andare le cose di cui non hai più bisogno». E, come sempre dico, anche per questo esercizio puoi ragionare pensando al tuo personaggio. Vedrai subito come questo lavoro sarà capace di caratterizzare lui/lei, ma anche la tua storia.

Esercizio n. 5

Se è vero che nasciamo due volte – la prima è quando veniamo al mondo, la seconda quando scopriamo il perché – possiamo dire di aver fatto tutto questo lavoro per guardare questa questione da un altro punto di vista. Intendo dire che ogni discorso sull'evoluzione era atto a farti comprendere perché sei qui e qual è il tuo posto in questo mondo. Quindi, semplicemente, chiuderei con questo ultimo esercizio chiedendoti di scrivere questa riflessione in questo spazio finale a te dedicato.

Mi spiego meglio. Qualcuno nella formazione la chiama "mission", qualcuno nella psicologia la chiama "vocazione", ma il cuore di questa questione è sempre lo stesso. Per questo ti chiedo: hai compreso perché sei qua e qual è il tuo posto nel mondo o il tuo compito? Se sì, come spero, prova a scriverlo adesso.

→ Prova a scriverlo subito, tutto d'un fiato.

Poi, per non lasciare il tuo personaggio orfano di un ultimo esercizio, potrei sollevare la stessa suggestione partendo da qui:

- Perché è nato questo personaggio?
- Qual è il messaggio che vuole portare attraverso le sue gesta e i suoi insegnamenti?

Non so se possa essere un esempio pertinente, ma penso che nessuno di noi abbia dimenticato la scena in cui William Wallace (Mel Gibson) nel film *Braveheart* ("cuore impavido") si trova a rivendicare la sua "libertà" a costo della vita. Ecco, parlo esattamente di questo, di questo tipo di personaggio.

Il tuo è un personaggio così? Ha qualcosa da gridare perfino nell'ultimo istante di vita, un valore forte che lo muove oltre ogni dire? Ha un messaggio e un valore universale da condividere e insegnare? Prova a ragionare su questo e poi a scriverlo.

In questo momento, a questo punto del libro, credo proprio che siamo arrivati all'altro capo del filo e che quindi siamo giunti, insieme, dall'altra parte del percorso. Allora… com'è andata?

Non so se sono riuscita a portarti dall'altra parte ma sono sicura che tu, in questo momento, sia in possesso di una direzione e di una bussola. Perciò, prima di salutarti nelle pagine dedicate alla chiusura e lasciarti all'ultimo riepilogo degli esercizi, vorrei invitarti a fare una cosa che, in realtà, per me rappresenta un esercizio di inizio e non di chiusura. Forse perché, dopo tanti anni, ho fatto miei certi modi di pensare e ragionare, certi passaggi e certe pianificazioni/organizzazioni fondamentali, o forse perché penso che organizzare il da farsi sia da sempre la via più efficace per "mettere in fila le cose".

In ogni caso, partendo dal presupposto che questo viaggio attraverso le tre tappe sia stato un po' un lavoro di focalizzazione e di raccolta del materiale, ti invito adesso a fare un'ultima importantissima cosa. Prendi due fogli: uno per te e uno per il tuo personaggio e la tua storia, oppure scegli su chi dei due vuoi focalizzare il lavoro. Dopo di che compilerai una semplice ma efficacissima *scaletta*.

Se fossi in aula non ti darei altre indicazioni perché di solito le mie "non indicazioni" fanno parte delle "indicazioni" e questo avviene quando voglio scomodare il pensiero creativo. Visto che non sono in aula, voglio aggiungere qualche specifica. La tua scaletta potrebbe essere:

- una *to do list*;
- un *plan*;
- una suddivisione delle *attività* da fare (magari divise in urgenti e importanti);
- un *elenco* di quello che ancora ti manca;
- la successione delle *tappe* necessarie ad arrivare dove vuoi arrivare;
- uno *schema* relativo alle tue risorse da scoprire o da enfatizzare;
- un'evidenza delle tue *priorità*;
- una *mappa mentale*;
- un *calendario* delle attività necessarie per arrivare dove vuoi.

Qualunque cosa significhi per te fare una scaletta, ti lascio alla chiusura di questo libro dicendo: non dimenticare il tuo perché e anche, e soprattutto, individua un *mantra* che sia forte come una *promessa* e ripetilo più volte che puoi.

Scrivi il tuo mantra e, prima di andare oltre, segna sulla tua scaletta una cosa, una sola, che farai subito (adesso, domani) per onorare la promessa. In particolare potresti usare queste tre domande-stimolo da portare con te:

- La prima riguarda "che cosa hai scelto", qual è la prima azione della scaletta che farai. Scrivilo sul tuo foglio bianco, sulla tua agenda, sul tuo cellulare. Scrivi questa piccola cosa che hai scelto e cambiala, spuntala, depennala ogni volta che ce l'hai fatta (ricordandoti di festeggiare, di celebrare il tuo successo e di farlo prima di passare all'azione successiva).

- La seconda è relativa a quante volte vuoi fare quella piccola cosa che hai scelto. Voglio dire che magari potresti volerla fare tutti i giorni, una volta a settimana oppure farla fino a che...

- La terza è relativa al come lo vuoi fare. Non so, mi viene da dire: da solo, da sola o in compagnia? Oppure mentre ascolti la musica? Lentamente? Velocemente? O vuoi fare "tutto di fila"? Insomma, pensa in quale modo la farai.

→ Prova a scriverlo adesso.

Fa' questi ultimi importanti esercizi e fammi sapere, se vuoi, se ce l'hai fatta ad arrivare dove volevi arrivare, se hai scoperto qualcosa in più su di te, su come funzioni, su cosa ti motiva, se la tua evoluzione ha preso il via, se hai chiaro quali sono le cose più importanti per te. Soprattutto, chiediti se hai chiaro qual è il segno che vuoi lasciare in questa vita. Oppure se intanto ti ci stai avvicinando...

RIEPILOGO DEL CAPITOLO 3:

- ESERCIZIO n. 1: La *mindfulness* e la consapevolezza + scrivere la *lezione della vita* + la *lezione del libro*.

- ESERCIZIO n. 2: Chiediti, scrivi e rispondi a questa domanda: *Che valore stai portando nel mondo?*

- ESERCIZIO n. 3: Riflessione sull'amore e sulla cura di sé.

- ESERCIZIO n. 4: Una sola parola per guidare la tua evoluzione. *Qual è? Di che parola si tratta?*

- ESERCIZIO n. 5: Qual è la tua *vocazione*? Qual è la tua **mission**? Perché sei in questo mondo?

Non dimenticare, a questo punto, di fare la tua personalissima "scaletta".

Ricordati che questi 5 esercizi puoi farli per te, per il tuo percorso personale o per il tuo personaggio, così come ti ho mostrato, nel caso tu ti stia cimentando nella scrittura di una storia o di un testo narrativo.

Conclusione

Anche per i saluti cerco una citazione capace di fissare il concetto e penso a una frase di Paul-Emile Victor: «Non è ciò che siamo che ci impedisce di realizzare i nostri sogni, ma ciò che crediamo di non essere».

Mi piace aprire questo ultimo capitolo partendo da un ringraziamento che vorrei rivolgerti. Ringrazio te, sì, perché hai scelto e deciso di dedicarmi il tuo tempo, quindi la tua risorsa più preziosa. Spero di aver donato indietro qualcosa che ti abbia arricchito e di aver portato valore nella tua vita. Mi piace inoltre salutarti con un riepilogo che parte dai motivi che mi hanno spinto a scrivere questo libro.

Il primo motivo riguarda il "fare la mia parte", perché ognuno deve essere il cambiamento che vuole vedere avvenire nel mondo, come diceva Mahatma Gandhi e questo, sempre e ancora per amore di citazione.

Il secondo motivo è molto più semplice e forse lo condividono in molti. Un giorno, tanti anni fa, un libro mi ha cambiato la vita e da quel momento è iniziato il mio primo passo verso ciò che sono diventata oggi. Una catarsi difficile da non prendere come filosofia di vita.

L'ultimo motivo, non certo per ordine di importanza, riguarda un concetto che ho conosciuto soprattutto incontrando il pensiero dello psicologo J. Hillman: *siamo stati derubati della nostra vera biografia*, ovvero abbiamo smarrito il senso della vocazione, che poi è la ragione per cui si è vivi.

Per questo, anche per questo, ho pensato di mettere a disposizione di chiunque volesse avvicinarsi al tentativo di recuperare questo concetto di vocazione, la mia esperienza e i miei molti anni di studi sull'argomento. Se con questo libro ci sono riuscita o no, sarai tu a dirmelo, magari lasciando un commento o una recensione sulla mia pagina Facebook – https://www.facebook.com/scrittricemaga – sempre che tu abbia piacere di donarmi indietro il tuo pensiero.

Per invitarti a restare sul cammino dell'evoluzione, ti suggerisco di continuare il viaggio verso la conoscenza con chiunque e in qualunque luogo vorrai incontrarla. Se poi vorrai farlo con me, ne sarò ben felice. Ho deciso, infatti, di mettere a disposizione la mia esperienza in modalità completamente gratuita, per le prime 100 persone che scriveranno un loro pensiero/recensione di questo testo sulla mia pagina Facebook. A loro, a te (se sei tra questi) offro una sessione gratuita di un'ora via Skype.

Se vuoi approfondire altri lavori specifici e inerenti a questa mia direzione formativa, posso sicuramente invitarti ai miei corsi di scrittura, puoi consultare le specifiche sul mio sito: www.lorettasebastianelli.it.

Tutti i miei corsi utilizzano la scrittura come strumento primario. Alcuni sono specifici per chi vuole scrivere un libro e scoprire qual è la storia che si porta dentro (perché tutti ne abbiamo una). Altri, invece, sono finalizzati ad un lavoro e ad una trasformazione di tipo personale, come ad esempio "Il Viaggio dell'Eroe", "Tu sei Unica" dedicato solo alle donne e "OrientaMENTE" dedicato a chi voglia trovare la propria strada in ambito professionale (e questi sono percorsi che iniziano esattamente dove finisce questo libro).

Perciò, prima di salutarti e come promesso, ecco per te un piccolo riassunto.

Nella **prima tappa**, percorsa attraverso l'introspezione, abbiamo cercato di capire chi sei, dove sei e dove vuoi andare, nonché di fissare i due fondamentali punti di partenza e di arrivo, capaci di costruire quella mappa e poi quell'itinerario necessari ad affrontare il viaggio. Abbiamo dunque esplorato la fase di *preparazione al viaggio* e lo abbiamo fatto sia dal punto di vista personale che dal punto di vista artistico/narrativo.

Nella **seconda tappa**, percorsa attraverso la scrittura creativa, abbiamo cercato di capire come fare per andare dove vuoi andare e quali potrebbero essere eventuali ostacoli alla riuscita del tuo *viaggio* o meglio, al tuo desiderio di raggiungere la meta. Pertanto in questa fase abbiamo parlato del viaggio vero e proprio: il tuo e quello del tuo personaggio.

Nella **terza e ultima tappa**, percorsa attraverso la scrittura di tipo evolutivo, abbiamo parlato di evoluzione, del senso vero e proprio dell'evoluzione. Poi abbiamo parlato della via del *ritorno*. Questo ha comportato entrare maggiormente dentro di te e scavare a fondo, in cerca del motivo che ti spinge a migliorare. Abbiamo quindi parlato dell'eroe, sia dal punto archetipico, sia dal punto di vista narrativo.

Dopo tutto questo, e durante tutto questo, abbiamo fatto diversi esercizi che ti invito a rivedere o a tenere a mente e, magari, a ripercorrere in momenti diversi della tua vita e quindi del tuo cammino.

Nel salutarci mi stringo in questa chiusa ricordando a te e come sempre a me stessa, che siamo unici e irripetibili e che il nostro compito per celebrare questa preziosa "questione" si riassume nel compiere il nostro destino.

Buona vita, caro viandante e maestro. Grazie ancora di avermi letto con pazienza e spero anche con pathos, fino alla fine.

«In ultima analisi, noi contiamo qualcosa solo in virtù dell'essenza che incarniamo e, se non la realizziamo, la vita è sprecata» (Carl Gustav Jung).

Risorse

Spazio professionale – web e social:

www.lorettasebastianelli.it

https://www.facebook.com/scrittricemaga

https://www.instagram.com/lorettasebastianelli/?hl=it

Formazione

Risorse gratuite:

https://www.loscrittoremago.it/

Gruppi Facebook

Lo scrittore mago "Scrivi il tuo miglior libro":

https://www.facebook.com/groups/328414711563279

Tu sei Unica "Protocollo Trasformativo al Femminile"

https://www.facebook.com/groups/1093775627717016

Manuale Metodo 10S "Blocco dello scrittore addio"

Ordinabile contattandomi all'indirizzo di posta: info@lorettasebastianelli.it

Spazio personale – Sito autrice, testi pubblicati, servizi e recensioni:

www.lorettasebastianelli.it

Consulenze via Skype o incontri di Counseling e Coaching:

info@lorettasebastianelli.it

Ringraziamenti

Solo poche parole, ringrazio come sempre la mia prima lettrice, Olmina Siani, che legge con dedizione e pazienza tutti i miei libri. I suoi commenti sono preziosi.

Ringrazio tutte le persone che negli anni, con me, in aula, hanno arricchito i miei metodi e la mia conoscenza portando la propria unicità e quindi il proprio ineguagliabile valore aggiunto.

Ringrazio la mia famiglia, perché crede in me da sempre.

Infine ringrazio i miei maestri, i mentori, gli amici preziosi e veri che ogni giorno ispirano il mio cammino.